AUDACES

VIAJEROS

AUDACES

VIAJERAS

Editorial Bambú es un sello
de Editorial Casals, SA

© 2011/2023, Montse Ganges y Imapla
© 2023, de esta edición, Editorial Casals, SA
Casp, 79 – 08013 Barcelona
editorialbambu.com
bambulector.com

Diseño: Estudi Miquel Puig

Primera edición: febrero de 2023
ISBN: 978-84-8343-829-9
Depósito legal: B-153-2023
Printed in Spain
Impreso en Anzos, SL
Fuenlabrada (Madrid)

El papel utilizado para la impresión de este libro
procede de bosques gestionados de manera sostenible.

**bam
bú**
EDITORIAL

AUDACES

VIAJEROS

**CUATRO RELATOS
QUE CAMBIARON
EL CURSO
DE LA HISTORIA**

AUDACES

VIAJERAS

Proyecto de La Plaga:

**MONTSE GANGES
IMAPLA**

AUDACES
VIAJEROS

AUDACES
VIAJEROS

«¡Espartanos! Los atenienses os piden que los ayudéis, que no permitáis que una de las ciudades más antiguas de Grecia se convierta en esclava de los bárbaros.»

AUDACES
VIAJEROS

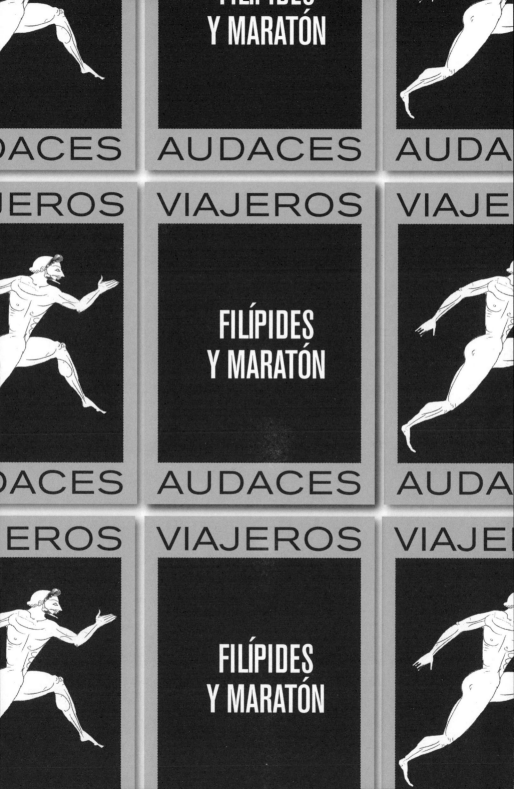

Representación de un hoplita en una cerámica de la Antigua Grecia.

CAPÍTULO I

CORRER
SIN PARAR

La carrera más larga de las Olimpiadas es el maratón. Los atletas tienen que recorrer una distancia de 42,195 kilómetros. Es una prueba de resistencia física y mental, porque es la mente la que empuja y obliga al cuerpo a superar el agotamiento y el dolor para seguir corriendo hasta el final.

El maratón se ha convertido en la prueba reina de los corredores de fondo. Además de los maratones olímpicos, se celebran maratones populares en ciudades de todo el mundo, donde atletas profesionales y aficionados ponen a prueba juntos la voluntad de correr sin parar hasta cruzar la línea de meta.

Pero el primer hombre que corrió esta distancia no era un deportista: se llamaba Filípides y era un soldado. Porque el primer maratón de la historia no formaba parte de unos juegos, sino de una guerra. Ocurrió en el año 490 a.C., hace 2.500 años, que es cuando empezaron las llamadas Guerras Médicas entre griegos y persas.

Filípides era un soldado griego que tenía que entregar un importante mensaje. Salió de Maratón, una llanura bajo el sol del Mediterráneo, donde se acababa de librar una cruenta batalla, y no se detuvo hasta llegar a Atenas. Corrió sin parar. Corrió hasta morir.

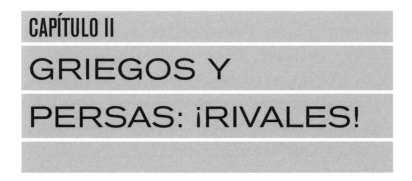

CAPÍTULO II
GRIEGOS Y PERSAS: ¡RIVALES!

Hace 2.500 años, persas y griegos luchaban unos contra otros. Eran dos contendientes muy distintos que representaban dos maneras de estar en el mundo.

ASÍ ERAN LOS PERSAS

El Imperio persa fue el más extenso de la Antigüedad. Cuando se enfrentó a los griegos, se encontraba en su máximo apogeo y su emperador era Darío I. Este monarca organizó el vasto territorio que había heredado de sus predecesores: mandó construir una gran capital (Persépolis) y una red de caminos para que mensajes, tributos y mercancías llegasen hasta ella rápidamente.

El Gobierno se organizaba por jerarquías, desde arriba hacia abajo. A la cabeza estaba el emperador, la máxima autoridad, rodeado por sus familiares, el ejército y unos pocos elegidos, entre los cuales podía recaer el gobierno de las tierras conquistadas. Estos territorios disfrutaban de cierta autonomía; podían conservar sus costumbres siempre y cuando pagasen sus tributos y no se atrevieran a discutir la autoridad imperial.

Así pues, en tan extenso imperio se profesaban religiones distintas, pero la religión oficial del imperio era el *mazdeísmo*, nombre derivado de su único dios: Ahura Mazda. También recibe el nombre de zoroastrismo, porque el profeta fundador de la religión se llamaba Zoroastro o Zaratustra. Fue una de las primeras religiones monoteístas, es decir, de un solo dios. Ahura Mazda se identifica con el fuego o el sol porque es la luz, la verdad y la bondad, y se contrapone a la oscuridad y el mal. Por eso los creyentes rezan frente a una llama.

El emperador persa y toda su corte rendían culto a Ahura Mazda, el único dios que regía el bien y el mal. Por supuesto, este dios había otorgado el poder máximo al emperador y a su estirpe.

ASÍ ERAN LOS GRIEGOS

La antigua Grecia estaba dividida políticamente en polis o ciudades-Estado. La geografía griega, tan abrupta, favoreció esta fragmentación. Las polis de Atenas, Esparta, Corinto, Tebas, Argos, Éfeso, Cnossos, por citar solo algunas, eran Estados soberanos y a menudo se enfrentaban entre sí. De todas formas, este profundo sentimiento de independencia que las separaba convivía con la percepción y el orgullo general de que todos ellos eran griegos.

No todas las polis se gobernaban igual; en este sentido, Atenas fue la que más avanzó, con un modo de gobierno al que llamaron *democracia* ('gobierno del pueblo'), un sistema organizado desde abajo hacia arriba. Los ciudadanos de Atenas elegían periódicamente a sus gobernantes, entendiendo por ciudadanos solo a los hombres libres y excluyendo a mujeres y esclavos.

Lo que sí compartían todos los griegos de todas las polis eran sus múltiples dioses, semidioses y héroes, que protagonizaban numerosos mitos e historias. Los dioses griegos eran un reflejo de las pasiones humanas: buenas, malas y regulares. El hogar de los dioses griegos era el monte Olimpo, que con sus 2.917 metros es el más alto de toda Grecia; su nombre significa «el luminoso». Los griegos creían que los dioses vivían allí en mansiones de cristal.

En honor a estos dioses, los antiguos griegos celebraban cada cuatro años las Olimpiadas o Juegos Olímpicos. Las Olimpiadas son un buen ejemplo de cómo entre los griegos existía la conciencia de ser un solo pueblo: cada cuatro años dictaban la paz olímpica para que los atletas de todas las polis pudiesen llegar a salvo hasta la ciudad de Olimpia, donde competirían para honrar a los dioses de toda Grecia.

LOS PRINCIPALES DIOSES DEL OLIMPO SON:

ZEUS
Padre de los dioses y dios del trueno y el cielo.

AFRODITA
Diosa del amor.

HERA
Esposa de Zeus y diosa del matrimonio y los nacimientos.

ATENEA
Diosa de la sabiduría.

POSEIDÓN
Dios del mar y los océanos.

APOLO
Dios de las artes.

ARES
Dios de la guerra.

DEMÉTER
Diosa de la tierra, de la fertilidad.

HERMES
Dios de los viajeros, los mercaderes y los atletas. Él mismo era el mensajero de los dioses.

HADES
Dios de los muertos y del inframundo.

El Partenón, templo dedicado a la diosa Atenea. Acrópolis de Atenas.

CAPÍTULO III
RESUMEN DE UNA BATALLA

Maratón es una extensa llanura situada a orillas del mar, a 42 kilómetros de la ciudad de Atenas. Un campo donde crece el hinojo bajo el intenso sol del Mediterráneo; en efecto, en griego, *maratón* significa «hinojo». Allí atracó la flota persa en el mes de septiembre del año 490 a.C. Se cree que este ejército invasor, al mando de los generales Datis y Artafernes, estaba formado por unos 50.000 hombres, incluyendo caballería, arqueros e infantería.

Los atenienses, al saber que el enemigo desembarcaba cerca de su ciudad, enviaron inmediatamente a un ejército de 10.000 hoplitas al mando del general Milcíades. Los hoplitas eran soldados de infantería que iban armados con una lanza, un casco y un escudo (*hoplon*, en griego). Todos los ciudadanos de Atenas recibían preparación y entrenamiento para ser hoplitas.

Cerámica de la Antigua Grecia adornada con una escena bélica.

En la educación que recibían los niños atenienses, y nos referimos solo a los varones hijos de ciudadanos libres, era tan importante el cuidado de la mente como el del cuerpo. A los siete años empezaban en la escuela, donde les enseñaban lectura, escritura, matemáticas y música. A los doce años empezaban a asistir al gimnasio, donde entrenaban intensamente y practicaban sobre todo la lucha, las carreras, el salto, el lanzamiento de disco y el de jabalina, todas ellas disciplinas olímpicas que permitían adquirir habilidades útiles para la batalla. A los dieciocho años ya podían convertirse en ciudadanos y soldados, es decir, en hoplitas. Cada hoplita adquiría y mantenía su equipo (protecciones y armas), no existía un «uniforme» del ejército.

El 12 de septiembre del 490 a.C., los hoplitas griegos librarían en Maratón una cruenta y heroica batalla contra el ejército persa, que era abrumadoramente superior. Una batalla con aroma de hinojo. Y si es verdad que los persas parecían invencibles, también es verdad que los atenienses luchaban en casa, conocían el territorio y estaban mejor adaptados a él.

El general griego Milcíades supo aprovechar esta fortaleza y elaboró una rápida estrategia para anular la ventaja numérica del enemigo: los atenienses consiguieron encerrar al enemigo tras una muralla de furiosos hoplitas que, además de blandir sus lanzas, repetían al unísono su alarido de guerra: ¡*Eleleu*! ¡*Eleleu*!

Entre las tropas persas se desató el pánico y huyeron en desbandada hacia el mar, el único camino libre. Los hoplitas los hostigaron hasta que zarparon en sus naves.

Después de la batalla había más de 6.000 víctimas persas entre los matojos de hinojo de Maratón. Del bando ateniense, en cambio, apenas habían caído 200 hoplitas. La primera batalla de las Guerras Médicas la habían ganado los griegos.

CAPÍTULO IV

ENTRE DIOSES
Y HOMBRES

Han pasado 2.500 años desde la batalla de Maratón. Aun así, el tiempo no ha borrado los nombres de los generales persas y griegos: Datis, Artafernes, Milcíades...; la historia los recuerda. Pero no sabemos los nombres de los soldados, de los certeros arqueros persas o de los veloces hoplitas griegos. Solo un nombre entre toda la tropa de uno y otro bando no ha caído en el olvido, el de uno de los 10.000 hoplitas atenienses: Filípides. Pero ¿por qué el nombre de un simple hoplita ha pasado a la posteridad?

Filípides no era solo un soldado, también era un hemeródromo. Así denominaban en la Antigua Grecia a los heraldos o mensajeros militares. Los hemeródromos recorrían largas distancias a la carrera para llevar mensajes; incluso podían hacerlo portando su equipo de hoplita. Y eso es lo que, además de luchar, hacía Filípides; y sin duda alguna lo hacía muy bien, porque le confiaron misiones importantes.

Los griegos consideraban que si alguien tenía talento para hacer algo era porque los dioses lo querían. Así pues, Filípides era bien amado por Ares, el dios de la guerra, pero sobre todo por Hermes, el dios de los atletas, los viajeros y los mensajeros.

El dios Hermes se solía representar con alas en los pies o en la cabeza y llevando una vara con la que abría y cerraba los ojos de los mortales.

El dios Ares, personificación de la guerra, se acostumbraba a representar como un hoplita: desnudo o con túnica, casco, escudo, lanza y espada.

Quizá porque se encomendó a los dioses, Filípides cumplió con éxito las misiones que le encargaron antes y después de la batalla de Maratón.

LA MISIÓN DE FILÍPIDES ANTES DE LA BATALLA:

Cuando los atenienses supieron que los persas estaban desembarcando en Maratón, además de prepararse para la lucha, quisieron avisar a las demás polis griegas para conseguir su ayuda contra el invasor extranjero. Pero solo tenían tiempo de avisar a una, y Esparta fue la escogida porque era la más poderosa y la más temible.

Los espartanos habían hecho de la vida militar su manera de vivir. Los niños y las niñas espartanos eran *seleccionados* desde su nacimiento: los sanos y fuertes eran aceptados, los débiles y enfermizos eran sacrificados. Los niños eran sometidos a un entrenamiento durísimo; tenían que llegar a ser los mejores hoplitas porque los espartanos nunca se rendían, su lema era: «Vencer o morir». Sin duda, los espartanos eran unos buenos aliados en cualquier batalla. Por eso los atenienses les enviaron a su mejor hemeródromo: a Filípides, que tardó dos días en recorrer los 240 kilómetros que separan Atenas de Esparta, con su mensaje de petición de socorro.

El mensaje que Filípides declamó ante los ciudadanos de Esparta fue el siguiente:

«¡Espartanos! Los atenienses os piden que los ayudéis, que no permitáis que una de las ciudades más antiguas de Grecia se convierta en esclava de los bárbaros».

Los espartanos enseguida accedieron a socorrer a los atenienses, a ayudarles a vencer a los persas. Pero en aquellos días estaban celebrando unas fiestas en honor al dios Apolo, y las leyes espartanas les prohibían luchar durante las ceremonias sagradas. Los atenienses tendrían que resistir solos unos días.

Filípides emprendió el viaje de regreso. Esta vez recorrió unos 280 kilómetros, de Esparta a Maratón,

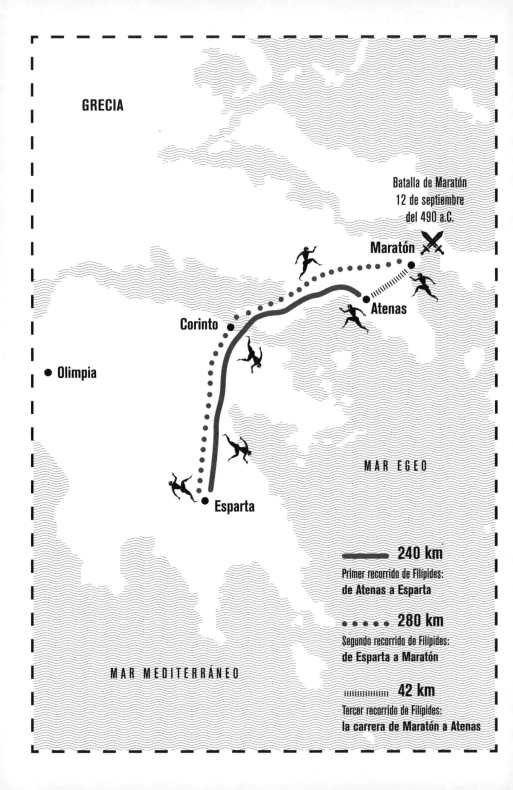

donde el general Milcíades ya estaba situando a sus hoplitas en el campo de batalla.

Probablemente, Filípides sentía en su corazón la congoja de saber que no era portador de buenas noticias: quizá los espartanos llegarían demasiado tarde, ¡quizás incluso él mismo llegaría demasiado tarde! Pero, a medio camino, se le apareció el dios Pan y, aunque se quejó de que los atenienses le hacían poco caso, enseguida animó a Filípides, diciéndole que lucharía a favor de los griegos.

Seguro que las palabras de Pan animaron a Filípides. Pan era uno de los hijos de Hermes, y era el dios de la naturaleza salvaje; era mitad humano y mitad animal: tenía patas y cuernos de cabra. Es verdad que le gustaba pasar el rato en el claro de un bosque o al lado de una fuente, tocando la flauta, echando una siesta o persiguiendo a las ninfas (los espíritus femeninos de la naturaleza). Pero también es verdad que tenía muchos poderes, siendo el principal el de provocar un miedo enloquecedor, similar al que sienten los animales cuando rugen las fuerzas de la naturaleza. Un miedo incontrolable que se llama pánico.

Cuando llegó a Maratón, Filípides comunicó a Milcíades el mensaje de los espartanos y el de Pan. Después, se unió a las tropas griegas para luchar como uno más.

Milcíades ordenó a sus hoplitas que se lanzaran a la carrera sobre el enemigo, consiguiendo así invalidar a sus arqueros e imponer el combate cuerpo a cuerpo. Ante esta estrategia los persas sintieron mucho miedo, sintieron pánico y huyeron.

Los atenienses comprendieron que realmente Pan había luchado a su lado. Así que después de la batalla de Maratón no volvieron a olvidarse del dios Pan. Por expreso consejo de Milcíades, le dedicaron un santuario en una gruta de la Acrópolis ateniense, y cada año le ofrecían sacrificios y realizaban una procesión de antorchas en su honor.

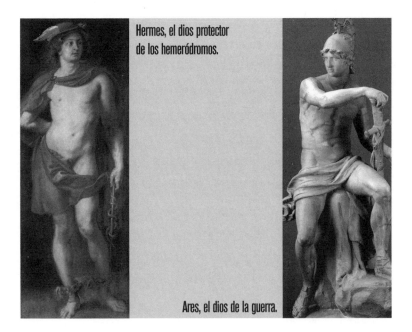

Hermes, el dios protector de los hemeródromos.

Ares, el dios de la guerra.

CAPÍTULO V

UN MENSAJE VITAL

Una vez finalizada la lucha en el campo de Maratón, la principal preocupación de Milcíades era que Atenas supiese cuanto antes que habían vencido. Pero ¿por qué tanta prisa? Los historiadores y los poetas que han narrado la batalla y la gesta de Filípides han apuntado razones diversas.

Unos dicen que la noticia tenía que llegar a Atenas para aliviar la terrible preocupación de la polis y que esta pudiese prepararse para recibir a los héroes. Otros dicen que en la polis solo quedaban mujeres y niños, y que habían acordado que, si no recibían pronto buenas noticias, las mujeres sacrificarían a los niños y después se matarían para evitar caer en manos de los persas.

Milcíades confió de nuevo en su mejor mensajero. Filípides tenía que correr los 42 kilómetros que separan Maratón de Atenas y dar un mensaje tan corto como vital: «¡Nenikékamen!» o «Νενικήκαμεν», tal y como se escribe en alfabeto griego, y que significa «¡Hemos vencido!».

Y, de nuevo, Filípides corrió tan deprisa como pudo para cumplir su misión. En pocos días cubrió una distancia de 562 kilómetros: 240 km de Atenas a Esparta + 280 km de Esparta a Maratón + 42 km de Maratón a Atenas. Y no hay que olvidar que además luchó en la batalla.

Tras correr los 42 kilómetros, Filípides llegó a Atenas y pronunció el mensaje con su último aliento: «Νενικήκαμεν». Y el valiente hemeródromo murió.

ASÍ ESCRIBEN LOS GRIEGOS:

El griego tiene un alfabeto propio:

Filípides se escribe Φιλιππίδης y Maratón se escribe Μαραθών.

Correspondencia de nuestro alfabeto con el griego			
A a	A α	N n	N ν
B b	B β	X x	Ξ ξ
G g	Γ γ	O o	O o
D d	Δ δ	P p	Π π
E e	E ε	R r	P ϱ
Z z	Z ζ	S s	Σ σ
E e	H η	T t	T τ
TH th	Θ θ	U u	Y υ
I i	I ι	F f	Φ φ
K k	K κ	CH ch	X χ
L l	Λ λ	PS ps	Ψ ψ
M m	M μ	O o	Ω ω

CAPÍTULO VI
LA HERENCIA
GRIEGA

Heródoto de Halicarnaso (484-425 a.C.) es reconocido como el primer historiador o el «padre de la historia». Vivió poco después de la batalla de Maratón. En su obra *Los nueve libros de la historia*, narra todas las Guerras Médicas. El sexto libro está dedicado a la batalla de Maratón: habla de Filípides, de su misión a Esparta y de su encuentro con el dios Pan. Heródoto nos cuenta que la victoria de Maratón fue muy importante, porque demostró a los griegos que los persas –que hasta entonces habían salido victoriosos de todos los enfrentamientos– no eran invencibles. Maratón mostró a los griegos que, si habían ganado esa batalla, podían ganar la guerra. Y así fue: al final los vencedores de las Guerras Médicas fueron los griegos.

Esa victoria significó que los griegos no fueron conquistados ni sometidos; no se convirtieron en

Heródoto de Halicarnaso, conocido como el primer historiador.

una región más del Imperio persa, sino que pudieron continuar desarrollando su particular forma de gobierno: la democracia.

Después de la batalla de Maratón, Atenas vivió en democracia un largo periodo de esplendor. Un siglo brillante durante el cual escultores como Fidias y Mirón, dramaturgos como Sófocles, Aristófanes y Eurípides, y filósofos como Sócrates, Platón y Aristóteles, sentaron las bases del pensamiento occidental, que aún perduran. De los antiguos griegos hemos heredado un saber que sigue causando admiración.

Así pues, nuestro mundo sería muy diferente si los atenienses hubieran perdido la primera batalla de las Guerras Médicas: la batalla de Maratón. Filípides, el hoplita y hemeródromo que tan importante fue en esa victoria, el bien amado por los dioses, sin duda merecía ser recordado. Tendría que esperar unos siglos, pero al final sería definitivamente rescatado del olvido.

CAPÍTULO VII

EL PRIMER MARATÓN OLÍMPICO

Los Juegos Olímpicos de la Antigüedad se celebraron durante poco más de seiscientos años, entre el 776 a.C. y el 393 d.C. Después, la Grecia clásica llegó a su fin y las pruebas olímpicas cayeron en el olvido.

En el siglo XIX renació la idea de llevar a cabo unos juegos internacionales, al estilo de los celebrados en Olimpia en la Antigüedad. El principal impulsor de esta idea fue un noble francés: Pierre de Fredy, barón de Coubertin.

La primera edición de los Juegos Olímpicos de la Era Moderna se celebró en el año 1896 y fue, precisamente, en Atenas. Entre las pruebas que se idearon se instauró una carrera de fondo que homenajeaba a un corredor de la Antigüedad: a Filípides y su última carrera de 42 km. Y la llamaron *maratón*.

El primer ganador fue un pastor griego llamado Spiridon Louis, que venció a los atletas más famosos; esta fue la única carrera en la que participó en toda su vida.

Pero ¿por qué hoy en día el maratón es una carrera de 42 kilómetros y 195 metros? ¿De dónde salieron esos 195 metros de más?

Fue en las Olimpiadas de Londres de 1908 cuando se añadieron esos metros. Para correr el maratón se escogieron los 42 kilómetros que separan Windsor del estadio de White City. Pero para que la línea de meta estuviera ante el palco desde el que la reina Alejandra asistía al evento, añadieron 195 metros. Desde entonces, todos los maratones constan de 42 kilómetros y 195 metros.

El maratón de Londres fue también célebre por la agónica llegada a la meta del italiano Dorando Pietri. El atleta entró el primero en el estadio, pero estaba tan agotado que tuvo que ser ayudado en varias ocasiones y, por lo tanto, fue descalificado. Pero la reina Alejandra consideró que su persistencia había sido digna de un Filípides y lo premió con una copa de oro.

Actualmente, los mejores corredores de fondo del mundo acaban un maratón en poco más de dos horas. En cada competición, todos los atletas participantes sueñan con seguir rebajando segundos y establecer un nuevo récord.

AUDACES

AUDACES

VIAJERAS

VIAJERAS

«No era una persona
que llorase por la luna
si podía tener las estrellas.»

AUDACES

AUDACES

VIAJERAS

VIAJERAS

Y EL CANAL DE
LA MANCHA

ACES AUDACES AUDA

ERAS VIAJERAS VIAJE

GERTRUDE
EDERLE
Y EL CANAL DE
LA MANCHA

ACES AUDACES AUDA

ERAS VIAJERAS VIAJE

GERTRUDE
EDERLE
Y EL CANAL DE
LA MANCHA

Gertrude Ederle con el bañador de la WSA.

CAPÍTULO I

UN TROZO
DE OCÉANO

En el norte de Europa, un trozo del inmenso océano Atlántico separa Gran Bretaña de la costa francesa formando un canal. Los ingleses lo llaman *English Channel* («Canal inglés»), y los franceses, *Canal de la Manche* («Canal de la manga»), por su forma alargada.

El canal de la Mancha es más estrecho en su extremo norte que en el sur. En el extremo sur, las costas inglesa y francesa están separadas por 240 kilómetros de distancia. En cambio, en el extremo norte las dos orillas solo distan 34 kilómetros la una de la otra: es el llamado paso de Dover o de Calais, según si hablamos desde Inglaterra o desde Francia, y es el objetivo de los grandes nadadores.

Los acantilados franceses del cabo Gris-Nez y los ingleses de Foreland Sur, concretamente, son los dos puntos más cercanos. Si alguien fuese capaz de nadar en línea recta de uno a otro, *solo* nadaría esos 34 kilómetros. Pero las aguas del canal no permiten nadar en línea recta; de hecho, ponen todos los obstáculos posibles para que nadie nade de ningún modo.

Nadar en el canal de la Mancha supone exponerse a tales peligros que no es de extrañar que se haya convertido en la gran prueba de natación en aguas abiertas. Los nadadores deben superar la baja temperatura del agua (alrededor de los 14 grados en verano), las fuertes corrientes, los bancos de arena, la niebla, el viento, las tempestades, las medusas, los tiburones y el paso constante de barcos de todos los tamaños.

CAPÍTULO II
EL CANAL DE LOS NADADORES

El canal de la Mancha es uno de los fragmentos de océano más transitados del mundo. Los barcos han surcado sus aguas desde tiempos remotos, en 1785 un globo aerostático lo sobrevoló por primera vez, y en 1875 ocurrió lo impensable hasta entonces: un hombre lo cruzó a nado.

El 12 de agosto de 1875, el capitán de la marina Matthew Webb, que ya había ganado algunas carreras en aguas abiertas, realizó su primer intento de cruzar a nado el canal de la Mancha. Los médicos de la época aseguraban que era una tarea imposible para el ser humano, opinión que se vio ratificada cuando Webb tuvo que abandonar a media travesía.

Pero doce días más tarde, Webb se tiró al agua desde el puerto de Dover para intentarlo de nuevo. Nadando a braza y parando para beber caldo de carne, cerveza, café o coñac, logró resistir el oleaje, la picadaura de una medusa y la corriente, que le impidió avanzar hacia la costa francesa durante cinco horas a pesar de tenerla ya a la vista. Finalmente, tras 21 horas y 45 minutos, Webb emergió en la playa de Calais. Tenía veintisiete años y acababa de convertirse en el primer hombre que cruzaba el canal a nado. Acababa de demostrar que lo que parecía imposible hasta entonces solo era muy difícil.

Matthew Webb, el primero en cruzar a nado el canal de la Mancha.

De hecho, el lema de Matthew Webb era *Nothing great is easy!* Y así aparece inscrito para siempre al pie del monumento que su pueblo natal, Dawley (Inglaterra), dedicó a su memoria. Después de cruzar el canal, el capitán Webb siguió nadando de forma profesional y escribió un libro titulado *El arte de nadar.* Murió en 1883: se ahogó intentando cruzar el río Niágara, en la frontera entre Canadá y Estados Unidos.

La proeza de Matthew Webb tardó mucho en repetirse. Los años pasaban y, a pesar de los muchos intentos llevados a cabo por nadadores de todo el mundo, nadie conseguía cruzar el canal a nado de nuevo. Hasta que, en 1911, treinta y seis años más tarde, Thomas Burgess, después de quince intentos y empleando una hora más que Webb en completar la travesía, lo consiguió.

En agosto de 1905 lo había intentado por primera vez una mujer: Annette Kellerman, «la sirena australiana». Kellerman había superado una enfermedad infantil gracias a la natación y revolucionó el panorama deportivo al demostrar la fuerza y la resistencia de las mujeres. Fue una pionera en muchos aspectos, sobre todo reivindicando libertad para las mujeres. Por ejemplo, para poder desarrollar sus cualidades como nadadora escandalizó a mucha gente poniéndose un bañador de una sola pieza. En aquella época, las mujeres llevaban unos vestidos de baño que eran eso: vestidos de muchas piezas, y se esperaba de ellas que se *bañasen,* no que *nadasen.* La actitud y los logros de Annette Kellerman tuvieron mucha influencia y fueron en buena parte responsables de la introducción de la natación femenina en las Olimpiadas de Estocolmo de 1912. Aun así, después de intentar tres veces cruzar a nado el canal de la Mancha, Kellerman abandonó, asegurando que no estaba al alcance de ninguna mujer. Por supuesto, todo el mundo la creyó.

Que una mujer cruzara a nado el canal quedó completamente descartado; la opinión general era que aquellas aguas salvajes no estaban hechas para el llamado sexo débil. Pero, a veces, las opiniones generales resultan ser de lo más absurdas, y en esta ocasión fue una joven americana la que se encargó de demostrarlo.

Vestidas para la playa.

CAPÍTULO III

HABLANDO
CON LAS OLAS

El 23 de octubre de 1905, el mismo año que Annette Kellerman sentenció que el canal no era para las mujeres, nacía en Nueva York Gertrude *Trudy* Ederle, segunda hija de un matrimonio de emigrantes alemanes. Un sarampión le dañó el oído y la convirtió en una niña tímida y muy apegada a su hermana mayor, Meg. Entonces nada hacía prever que años más tarde, en 1926, Trudy sería la primera mujer que cruzaría el canal de la Mancha a nado.

El señor Ederle era dueño de una carnicería en Manhattan y tenían una casa de veraneo en Nueva Jersey, a orillas de un río; allí fue donde Trudy aprendió a nadar. Meg también llegó a ser una buena nadadora y, además, fue la primera en darse cuenta de que su hermana tenía un talento natural para nadar. Trudy demostraba en el agua una fortaleza y una perseverancia increíbles. Pronto aprendió a avanzar con un crol potente y rápido que le hizo ganar las competiciones que se organizaban durante el verano. Uno de los asistentes le propuso al señor Ederle que apuntase a sus hijas a la Asociación de Mujeres Nadadoras de Manhattan, para que pudiesen nadar también durante el invierno.

La Women's Swimming Association (WSA), es decir, la Asociación de Mujeres Nadadoras, fue fundada en 1917 por un grupo de mujeres que querían practicar y difundir la práctica de la natación como deporte. Animadas por los avances propiciados por Anette Kellerman, querían ser las primeras nadadoras americanas que compitiesen en unos Juegos Olímpicos. Para ello tuvieron que enfrentarse a las costumbres de la época hasta lograr que sus trajes de baño de una pieza fuesen aceptados. Lo consiguieron después de soportar alguna detención por escándalo público, y pudieron finalmente competir sin el peligro de perecer ahogadas bajo el peso de tanta ropa.

La primera vez que Gertrude Ederle cruzó a nado la piscina de la Asociación de Mujeres Nadadoras tenía trece años. Un entrenador sentenció:

«Jamás será una buena nadadora. No tiene ningún control».

A pesar de su sordera, Trudy, que era tan orgullosa como tímida, lo oyó y se propuso demostrarle lo contrario. Lo consiguió en buena medida gracias a Meg, que la convenció para que ambas participasen en una carrera a mar abierto: seis kilómetros alrededor de la isla de Manhattan. Trudy ya había participado en varias competiciones en piscinas y había ganado, pero el mar abierto y las largas distancias le inspiraban respeto.

Fue en el verano de 1922, Trudy tenía dieciséis años. En la carrera participaban las mejores nadadoras americanas e inglesas. A la señal, Trudy se lanzó al agua con cincuenta participantes más y desplegó su crol con todas sus fuerzas; la aterrorizaba la posibilidad de llegar en último lugar.

En un bote, jueces y periodistas estaban pendientes de las más famosas hasta que descubrieron a otra nadadora que iba muy por delante, ¿quién era? Un entrenador de la Asociación la reconoció con incredulidad:

«¡Dios mío, es Ederle!».

Aquel día Trudy batió muchos récords, pero sobre todo descubrió que en las aguas abiertas del océano se sentía como en casa.

Así lo expresó ella misma:

> «Para mí, el océano es como una persona,
> como alguien a quien conozco de toda la vida.
> Puede sonar extraño, pero mientras nado le
> hablo. En el océano jamás me siento sola».

Gertrude Ederle nadando en aguas abiertas.

CAPÍTULO IV

«QUE NADIE ME SAQUE DEL AGUA»

Nadie volvió a dudar de que Gertrude Ederle era una gran nadadora. Participó con éxito en las Olimpiadas de París de 1924, pero donde realmente destacaba era en aguas abiertas. Por eso, después de ganar algunas carreras de larga distancia, se propuso enfrentarse al gran reto: cruzar el canal de la Mancha.

Cuando Gertrude Ederle se propuso cruzar el canal de la Mancha a nado, solo cinco hombres lo habían conseguido. Muchos otros lo habían intentado y, con la evolución de la natación femenina, también muchas mujeres. Así pues, las aguas del canal habían visto a muchos nadadores y nadadoras abandonar a medio camino o a poca distancia del final.

Pero a Gertrude Ederle le gustaban los grandes retos. A sus diecinueve años lo tenía claro:

«Si cinco hombres lo han conseguido, ¿por qué no una mujer?», escribió en su diario. Y sentenció: «Se puede hacer».

El 18 de agosto de 1925, Trudy se lanzó al agua en Cap Gris-Nez, escoltada por varios barcos y dispuesta a no parar hasta alcanzar la orilla inglesa. Pero cuando ya había recorrido más de 20 kilómetros, a su entrenador le pareció que tenía problemas y ordenó que la subiesen a bordo. La sorpresa y el enfado de Trudy cuando se encontró en el bote de repente, sin haber sido consultada, fueron mayúsculos. Ella se sentía capaz de seguir.

Toda la fortaleza y la perseverancia de Trudy nacían de la felicidad que sentía en el agua:

**«Soy muy feliz cuando estoy nadando.
Podría seguir y seguir...».**

El entrenador era Jabez Wolffe, un nadador que había intentado cruzar el canal veintidós veces sin éxito y con el que Ederle no se entendió en absoluto. Resentido por sus numerosos fracasos, Wolffe no supo o no quiso ver la resistencia de Trudy. Él solo vio a una chica tímida, una más de las frágiles nadadoras que intentaban algo imposible. Y ordenó que la sacaran del agua cuando pensó que estaba en peligro. ¡Sin preguntarle a ella!

Al año siguiente, en el mes de julio de 1926, Trudy, su padre y su hermana Meg volvieron al pequeño hotel sin electricidad ni agua corriente del pueblecito de Cap Gris-Nez, en el que se solían alojar los nadadores y nadadoras. Trudy volvió al canal dispuesta a tomar ella misma las decisiones. Ante todo, le hizo prometer a su padre que no permitiría que nadie la sacase del agua, pasara lo que pasase, a menos que ella lo pidiera.

La novedad principal en este segundo intento era el cambio de entrenador. Esta vez el puesto fue para Thomas Burgess, el segundo hombre que había logrado cruzar el canal. Trudy le dejó muy claro que iba a usar el crol; hasta aquel momento, el canal conocía un solo estilo: la braza. El crol, copiado de los indios americanos, se usaba solo para las distancias cortas o el *sprint* final. El año anterior, Jabez Wolffe había estado presionando a Trudy para que cambiase de estilo o, al menos, nadase más despacio. Pero Trudy Ederle se sentía cómoda con el crol que había aprendido en sus veraneos infantiles, era el estilo que se adaptaba perfectamente a su fortaleza y resistencia. Thomas Burgess la apoyó.

Teniendo en cuenta la experiencia adquirida en su primer intento, Trudy quiso además mejorar tres cosas: las gafas, lo que comería durante la travesía y su traje de baño. Al cabo de unos cuantos kilómetros el agua salada que se colaba por las fisuras de las gafas era como ácido en los ojos y cegaba; fallar en la decisión de qué y cuántos alimentos ingerir podía suponer mareo y náuseas, y el bañador, aunque fuera de una pieza, se convertía en un peso que producía rozaduras y llagas.

Trudy preparada para cruzar el Canal.

Pero Trudy encontró la solución a todas estas dificultades: selló sus gafas utilizando la cera de las velas del hotel; decidió tomar muy de vez en cuando pollo, chocolate, piña y cacao caliente, y cortó su traje de baño, inventando así el primer biquini.

Los hombres acostumbraban a cruzar el canal desnudos. Pero, por supuesto, en aquella época era impensable que las mujeres hiciesen lo mismo. Intentando reducir el problema del bañador al máximo sin ser detenida por escándalo, Gertrude Ederle lució el primer biquini de la historia. También en eso fue pionera. Además, como todos los nadadores del canal, Ederle iba completamente untada con las tres capas siguientes: una de aceite de oliva, una de lanolina y una tercera de una mezcla de vaselina y grasa. Estas capas ayudaban a soportar el frío y también protegían un poco contra la picadura de las medusas.

Ya estaba lista para meterse en el agua.

CAPÍTULO V

TRAS EL GORRO ROJO

La mañana del 6 de agosto, Trudy, con su biquini, sus gafas herméticas, untada de la cabeza a los pies y coronada con un gorro rojo, contemplaba el océano desde la playa de Cap Gris-Nez. Más de cincuenta periodistas se agolpaban a su alrededor.

El canal estaba en calma y hacía buen tiempo, pero todos sabían que podía cambiar en cualquier momento. Burgess había trazado un itinerario para intentar aprovechar las corrientes a favor. El peor tramo eran las Goodwin Sands, unos extensos bancos de arena a tan solo 10 kilómetros de la costa inglesa, donde las fuertes corrientes eran impredecibles.

A las 7.08, Trudy se metió en el agua y el *Alsace*, el barco que la acompañaría en su travesía, hizo sonar la sirena. A partir de aquel momento todos los ojos estarían pendientes de los movimientos de aquel gorro rojo.

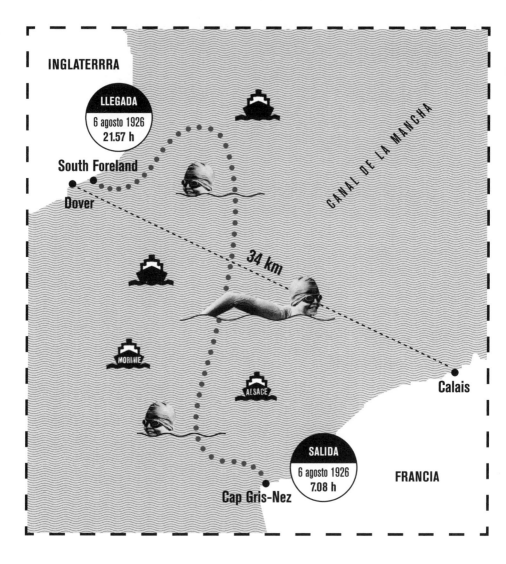

Desde el *Alsace*, animaban y alimentaban a Trudy cuando lo requería, siempre sin tocarla. A bordo iban su padre, su hermana, su entrenador, una periodista, un fotógrafo y algunos de los nadadores que se estaban preparando para intentar la misma

Alimentando a Trudy desde el *Alsace*, ¡sin tocarla!

proeza aquel verano y que se habían ofrecido para animar a Trudy e incluso nadar un rato a su lado.

La periodista era Julia Harpman, y el fotógrafo, Art Sorenson. Trabajaban para el *New York Daily News*, el periódico que patrocinaba a Ederle. Ambos fueron muy respetuosos y se hicieron buenos amigos de Trudy. Pero el resto de la prensa no quería perderse la noticia, así que algunos periodistas alquilaron otro barco, el *Morinie*; siguieron la travesía con poco respeto: en ocasiones, se acercaron tanto a Trudy que a punto estuvieron de ponerla en peligro o hacer que fuese descalificada, aunque pronto las olas del canal les provocaron un fuerte mareo y dejaron de molestar.

Lillian Cannon desea suerte a Trudy: una rival con auténtico espíritu deportivo.

Entre los nadadores que la acompañaron desde el *Alsace* cabe destacar a Louis Timson y Lillian Cannon. Ambos supieron ver el potencial de Trudy y la animaron con gran generosidad. Lillian Cannon, a pesar de aspirar a ser ella la primera mujer que cruzara el canal a nado, deseó suerte a Gertrude Ederle en la playa de Cap Gris-Nez de todo corazón, se sumó a la tripulación del *Alsace* y nadó un rato al lado de Trudy durante la travesía para que se sintiera acompañada: eso es auténtico espíritu deportivo.

Louis Timson, que además de ser un buen nadador tenía una bonita voz, animó la travesía del *Al-*

sace cantando las canciones favoritas de Trudy. Pero cuando el tiempo empeoró repentinamente, los ánimos del *Alsace* se ensombrecieron sin que nada pudiera alegrarlos: el oleaje parecía tragarse el pequeño gorro rojo.

Joe Corthes, el patrón del *Alsace*, manifestó su admiración por la chica del gorro rojo: no había visto a nadie avanzar tan rápido en aquellas terribles condiciones. Aun así, aconsejó que la hiciesen abandonar: aquel temporal era extraordinario. Burgess, el entrenador, también creía que debían sacar a Trudy del agua antes de que las olas se la tragasen. Pero el señor Ederle le había prometido a su hija que no permitiría que nadie la tocase a menos que ella lo pidiera. Así que se acercó a Timson, que seguía animando a la nadadora, y le preguntó si podría salvarla si fuese necesario. Timson prometió que se lanzaría a por ella, aunque estaba seguro de que Trudy podía seguir: «**Es fantástica**», dijo con admiración.

Pero las cosas no mejoraban y aún tenía que cruzar las Goodwin Sands. Burgess quiso transmitir a Trudy su opinión y a media tarde gritó con todas sus fuerzas:

**«¡Sal del agua, Trudy!
Tienes que salir».**

CAPÍTULO VI
EL FINAL DEL
SEXO DÉBIL

Cuando la voz de Burgess tronó sobre las olas aconsejando a Trudy que abandonara, el gorro rojo se detuvo y una voz atónita pero clara y fuerte preguntó: «**¿Para qué?**», y después siguió nadando con absoluta firmeza y convicción. Aquella corta pregunta fue suficiente para retornar los ánimos a los angustiados ocupantes del *Alsace*. Realmente Trudy era fantástica.

Y Trudy pasó las Goodwin Sands. A medida que avanzaba, los barcos faro anclados en varios puntos de los bancos de arena la saludaban haciendo sonar sus sirenas. Para Trudy cada uno de estos sonidos decía «Lo estás logrando». En este último trecho comió sobre todo piña, para aliviar la hinchazón de la lengua producida por la sal del agua, y terrones de azúcar que la ayudasen a conseguir la energía que le hacía falta para terminar; la grasa que le untaba el cuerpo ya casi había desaparecido y empezaba a acusar el frío. Cuando ya estaba solo a dos kilómetros de la costa, Trudy vio unos destellos a lo lejos. «¿Es Inglaterra?», preguntó. Le dijeron que sí, que en la playa habían encendido hogueras para recibirla. «Pues vamos», pronunció con su maltratada boca, y siguió nadando.

A las diez menos cuarto de la noche, Trudy salió de entre las olas en una playa al norte de Dover. Se puso en pie y extendió una mano para detener a todos los que se le acercaban; sabía que hasta que no tuviese los dos pies fuera del agua, nadie podía tocarla si no quería correr el riesgo de ser descalificada. Cuando por fin pisó la playa, Trudy no solo se convirtió en la primera mujer que cruzaba a nado el canal de la Mancha, sino que además estableció un nuevo récord de velocidad, superando a todos los hombres que la precedieron. Así quedó la tabla clasificatoria:

1875. MATHEW WEBB (Inglaterra): 21 horas 45 min.

1911. THOMAS BURGESS (Inglaterra): 22 horas 35 min.

1923. HENRY SULLIVAN (Estados Unidos): 26 horas 50 min.

1923. ENRICO TIRABOSCHI (Argentina): 16 horas 23 min.

1923. CHARLES TOTH (Estados Unidos): 16 horas 58 min.

1926. GERTRUDE EDERLE (Estados Unidos): 14 horas 39 min.

Lillian Cannon intentó cruzar el canal de la Mancha a nado el 17 de agosto de 1926, once días después de haber animado a Gertrude Ederle. No lo consiguió, pero su generosidad y su buen humor nunca serán olvidados. Fue una lección de deporte y humanidad.

Como expresó un periódico de la época, después de la gesta de Gertrude Ederle nunca más se volvería a hablar del «sexo débil».

CAPÍTULO VII
TRUDY Y LAS ESTRELLAS

Gertrude Ederle fue recibida en Nueva York como una gran heroína: algunos aviones sobrevolaron el puerto para darle la bienvenida con una lluvia de flores, hubo un gran desfile en coche por la Quinta Avenida y fue recibida por el presidente John Calvin Coolidge, que la proclamó la «Chica de América».

Durante el desfile, muchas personas llevaban pancartas con el ya célebre «¿Para qué?». También le dedicaron una canción que se hizo muy popular, e incluso llegó a rodar una película en Hollywood.

Pero en 1933 Gertrude se cayó por unas escaleras y se dañó gravemente la columna vertebral. Los médicos pronosticaron que no volvería a nadar. Pero no sabían que se enfrentaban a una tozuda timidez inquebrantable. Al cabo de unos años, Trudy logró volver a las piscinas, aunque ya no para competir, sino para enseñar. Pero estaba contenta, como dijo ella misma:

| **«No era una persona que llorase por la luna si podía tener las estrellas».** |

El problema de su oído se había acentuado mucho desde la gesta del canal. Tantas horas en agua fría precipitaron la llegada de una sordera total. Gertrude Ederle fue profesora de natación de niños sordos hasta su jubilación. Murió el 30 de noviembre de 2003. Tenía noventa y ocho años. Siguió nadando hasta el final.

El canal de la Mancha sigue siendo la gran prueba de la natación en aguas abiertas. Todos los que quieren cruzarlo y que su gesta quede oficialmente registrada deben ponerse en contacto con la Channel Swimming Association «Asociación de Nadadores del Canal». Esta asociación se dedica desde hace más de ochenta años a registrar y autentificar cada proeza. Miembros de la asociación acompañan al nadador en un barco de apoyo para asegurarse de que cumple las normas y para darle asistencia en caso necesario.

Las normas son muy sencillas: el nadador tiene que haber cumplido los dieciséis años; solo puede llevar bañador, gafas, pinza en la nariz, tapones en los oídos y gorro, también puede untarse el cuerpo con grasa para combatir el frío, y nada más; nadie puede tocar al nadador durante la travesía, pueden suministrarle comida, pero sin tocarlo.

Muchos nadadores y nadadoras, inspirados por la gesta de Gertrude Ederle y de aquellos pioneros de la natación en aguas abiertas, lo intentan cada año. Algunos lo consiguen.

Gertrude Ederle recibida en Nueva York como una gran heroína.

AUDACES AUDACES A

VIAJEROS VI

«La vista solo le recuerda
a uno lo grande que es el
mundo y las muchas cosas que
quedan por ver y aprender.»

AUDACES AUDACES A

VIAJEROS VIAJEROS VI

ACES | **TENZING NORGAY Y EL EVEREST** | AUDA

EROS | VIAJEROS | VIAJE

EDMUND HILLARY
Y
TENZING NORGAY
Y EL EVEREST

ACES | AUDACES | AUDA

EROS | VIAJEROS | VIAJEI

EDMUND HILLARY
Y
TENZING NORGAY
Y EL EVEREST

El Everest, la montaña más alta del mundo.

CAPÍTULO I

EL HIMALAYA, DONDE VIVEN LOS GIGANTES

El Himalaya es la cordillera más alta del planeta. Está en el corazón de Asia, entre India y Nepal; su nombre significa «el hogar de la nieve» en sánscrito.

Con la vecina cordillera del Karakórum suman catorce montañas de más de 8.000 metros: son los gigantes de la Tierra; ninguna otra montaña de ningún otro continente llega a esta altura.

El rey de los gigantes es el Everest, la montaña más alta del mundo. Por encima de su cumbre, a 8.848 metros, solo hay cielo. Pero ¿cómo se mide una montaña?

A principios del siglo XIX, los británicos tenían una fuerte presencia en la India y pusieron en marcha un gran proyecto: realizar un mapa detallado de todo el subcontinente indio. Este ambicioso proyecto cartográfico, en el que trabajaron británicos e indios, se llevó a cabo a lo largo de todo el siglo y dio a conocer Asia al mundo.

Radhanath Sikdar (Bengala, 1813-1870) era uno de los matemáticos indios que trabajaban en este gran mapa. En 1852 viajó al norte de la India, allá donde empieza el Himalaya. Sikdar solo disponía de un plano provisional, en el que las montañas gigantes que se alzaban a lo lejos solo estaban numeradas. Nadie sabía ni su altura ni su nombre, porque nadie había llegado hasta el pie de esas montañas. Pero Sikdar, a pesar de estar a kilómetros de distancia, se propuso calcular su altura. Así fue como descubrió que la montaña marcada como «Pico XV» en el plano, según sus cálculos medía 8.840 metros de altura y, por lo tanto, era la montaña más alta del mundo. Cabe destacar que a pesar de sus rudimentarios instrumentos, Sikdar solo erró en 8 metros.

Fue una gran noticia: habían dado con el gigante más alto, con la montaña más alta de todo el planeta. Ahora bien, sabían la altura del «Pico XV», pero ¿cuál era su nombre?

En cambio, los habitantes del Himalaya que vivían en los valles situados al pie de aquella montaña no sabían su altura exacta, pero hacía muchísimo tiempo que le habían dado un nombre: Chomolungma, «la diosa madre del mundo».

Como los británicos –que aún tardarían en llegar a aquellos recónditos valles– desconocían el nombre divino de la montaña, le pusieron el nombre de un mortal: desde 1865, la montaña más alta se llama Everest en honor a sir George Everest (Gales, Gran Bretaña,1790-1866), que durante trece años fue el director de aquel gran proyecto cartográfico.

En 1843, sir George Everest se retiró a Inglaterra, donde recibió reconocimientos y honores por su trabajo. Fue su sucesor, Andrew Scott Waugh, quien recibió los cálculos de Radhanath Sikdar y propuso llamar Everest al Pico XV.

Ignorantes de todo aquello, las gentes de los valles del Himalaya continuaron tranquilamente con sus vidas. Eran agricultores y pastores; los rebaños de yaks eran la base de su subsistencia. Ellos creían que las cumbres de las montañas que los rodeaban no eran lugar para los hombres porque solo los dioses pueden vivir tan cerca del cielo. Bueno, los dioses y la extraña criatura que muchos pastores contaban que habían visto: una especie de hombre gigante y peludo, al que ellos llamaban yeti o *metoh-kangmi.*

Por eso, cuando empezaron a llegar escaladores de países lejanos dispuestos a arriesgarse y esforzarse al máximo para llegar a las cumbres más altas, las gentes del Himalaya los miraron asombrados preguntándose por qué.

CAPÍTULO II

«PORQUE ESTÁ AHÍ»

Ya en pleno siglo XX, los británicos y otros europeos irrumpieron en el Himalaya con la intención de explorar y trepar a todas las cumbres. Pero no podían hacerlo solos. Allí todo es desmesurado y, a medida que se gana altura, el paisaje y el clima son cada vez más extremos, hasta que el aire se vuelve tan fino que casi no se puede respirar. Los *sahibs* (extranjeros) necesitaban que alguien llevase las pesadas cargas de su equipamiento hasta el pie de las montañas y más arriba.

Los *sherpas*, los pobladores del valle del Khumbu, al pie del Everest, se convirtieron en los más apreciados porteadores de altura. Acostumbrados a la altitud, eran los más resistentes y atrevidos de entre todos los habitantes del Himalaya. Pronto fue imposible emprender ninguna ascensión sin contar con ellos. Los mejores *sherpas* llegaban a ser *sirdar* (jefe de grupo) y los pocos que se acercaban a las cumbres recibían el título de «tigre de las nieves». Para ellos, ambas distinciones suponían la oportunidad de prosperar laboralmente.

Para los habitantes del Himalaya, el afán de los *sahibs* por alcanzar las cumbres seguía siendo incomprensible, y los *sherpas* eran de la misma opinión: subir montañas era para ellos un buen trabajo, pero no un deseo personal. La verdad es que este afán era algo incomprensible para la mayoría del mundo.

George Mallory era un montañero que participó en las tres primeras expediciones británicas al Everest (1921, 1922, 1924). Cansado de que le preguntasen una y otra vez por qué deseaba escalarlo hasta la cima, Mallory dijo: «Porque está ahí». Su sencilla respuesta ha sido adoptada por todos aquellos que persiguen objetivos tan maravillosos como arriesgados. George Mallory perdió la vida en el Everest. Su muerte es un enigma sin resolver: nadie sabe si consiguió o no llegar a la cumbre.

El 8 de junio de 1924, George Mallory y su joven compañero Andrew Irvine salieron juntos hacia la cumbre del Everest. Nunca regresaron, desaparecieron a más de 8.000 metros de altura, en la arista norte de la montaña. Mallory tenía treinta y ocho años, Irvine, veintidós. En 1999 se organizó una expedi-

George Mallory y Andrew Irvine durante la expedición al Everest en la que perdieron la vida.

ción para localizar sus cuerpos: solo encontraron el de George Mallory, perfectamente conservado a 500 metros de la cumbre; pero ninguna pista definitiva sobre si cuando lo atrapó la muerte estaba subiendo o descendiendo. ¿Fueron Mallory e Irvine los primeros en coronar el Everest? Todo hace suponer que no, pero nunca lo sabremos con seguridad.

CAPÍTULO III

LA HORA DE
LOS ELEGIDOS

Durante casi un cuarto de siglo, de 1921 a 1952, se realizaron varias expediciones al Everest. Ninguna llegó a la cumbre, pero todas supusieron un avance respecto al conocimiento de la montaña y cómo abordarla con posibilidades de éxito.

En 1953, otra expedición volvió a intentarlo. Estaba formada por once británicos y dos neozelandeses; trece hombres que dejaron de lado sus profesiones y sus vidas para alcanzar un sueño.

Sus nombres: John Hunt, oficial del ejército y jefe de la expedición; Tom Stobart, técnico de cine; Charles Evans, cirujano; Charles Wylie, oficial del ejército; Michael Ward, médico; Tom Bourdillon, físico; George Band, estudiante; Griffith Pugh, biólogo; Alfred Gregory, agente de viajes; Wilfred Noyce, profesor; Michael Westmacott, científico; Edmund Hillary, apicultor; George Lowe, profesor.

La expedición de 1953 al completo.

Nada habrían conseguido sin el apoyo de un grupo de sherpas.

Sus nombres: Tenzing Norgay, *sirdar sherpa*; Topkie Thondup, Ang Namgyal, Ang Tensing, Dawa Thondup, Pemba, Pasang Dawa, Phu Dorje, Ang Pemba, Ang Nima, Gompu Annullu y Da Namgyal y Dawa Tenzing, entre otros.

Entre todos estos intrépidos soñadores había dos hombres que nunca antes se habían visto, pero que estaban destinados a unir sus nombres para la historia:

Tenzing Norgay.

Edmund Hillary.

TENZING NORGAY (1914-1986)

Hijo de un pastor de yaks de los valles del Tíbet, nació al pie de Chomolungma. Un lama (monje budista) predijo que haría algo muy grande y le puso el nombre de Norgay, que significa «afortunado». Empezó como porteador y perseveró hasta ser reconocido como «tigre de las nieves» y el mejor *sirdar*. A diferencia de los demás *sherpas*, no se consideraba un trabajador de la montaña, sino un montañero que deseaba alcanzar la cumbre como el que más; sobre todo la cumbre de Chomolungma.

Ya lo había intentado varias veces, y la había visto de cerca. Para él escalar el Everest no era una cuestión de trabajo, era un asunto personal. Así lo explicaba: «Siete veces lo he intentado. He regresado y lo he intentado de nuevo; no con orgullo y con fuerza, no como un soldado con un enemigo, sino con amor, como un niño que se encarama al regazo de su madre. Cuando estoy en el Everest, no puedo pensar en otra cosa: lo único que quiero es seguir adelante. Es un sueño, una necesidad, como una fiebre en la sangre».

EDMUND HILLARY (1919-2008)

Neozelandés. Hijo de apicultores, tenía previsto dedicarse a este mismo trabajo hasta que las abruptas y heladas cumbres de su archipiélago natal se cruzaron en su camino y se entregó a las montañas. Tenía veinte años y estaba pasando unos días en un hotel de los Alpes del Sur, en Nueva Zelanda. Un atardecer, se encontró con dos escaladores que regresaban de una cumbre y se sintió inmediatamente interesado por su conversación.

> Esos tipos están sacando, de verdad, algo de emoción a esta vida, pensé. En ese momento decidí hacerme montañero.»

A la mañana siguiente salió por primera vez en su vida a escalar una montaña. Ya nunca dejó de hacerlo.

En 1950 llegó al Himalaya con su amigo George Lowe, y juntos se dedicaron a explorar y escalar la cordillera, a veces solos, a veces formando parte de alguna expedición, preparándose, aclimatándose a su extrema dureza. Hasta el día que por fin divisó el Everest a lo lejos.

«Para mi sorpresa, en el aire claro de la mañana, pude ver un colmillo blanco clavándose en el cielo. ¡Qué lejos estaba! Tan lejos que todavía parecía como un sueño.»

Un sueño que ya estaba en su corazón, y Hillary quería estar preparado por si algún día le daban la oportunidad de alcanzarlo.

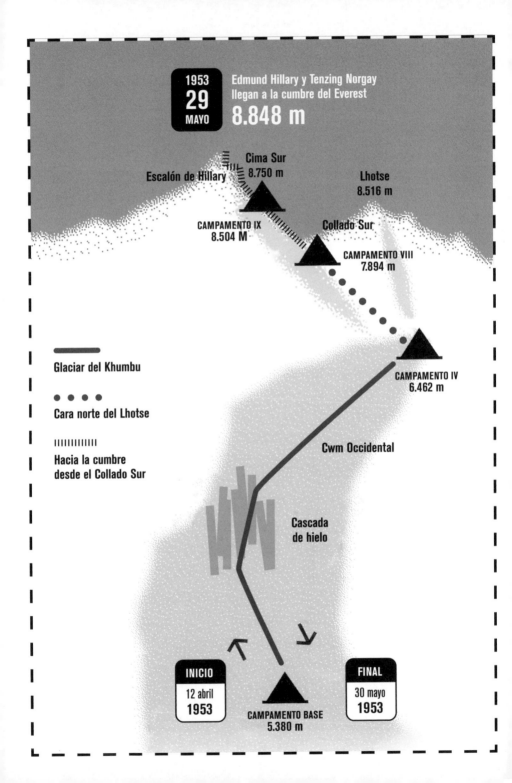

1953
29
MAYO

Edmund Hillary y Tenzing Norgay
llegan a la cumbre del Everest
8.848 m

Cima Sur
8.750 m

Escalón de Hillary

Lhotse
8.516 m

CAMPAMENTO IX
8.504 M

Collado Sur

CAMPAMENTO VIII
7.894 m

CAMPAMENTO IV
6.462 m

Glaciar del Khumbu

Cara norte del Lhotse

Hacia la cumbre
desde el Collado Sur

Cwm Occidental

Cascada
de hielo

INICIO
12 abril
1953

FINAL
30 mayo
1953

CAMPAMENTO BASE
5.380 m

CAPÍTULO IV
UNA LARGA APROXIMACIÓN

Si el Himalaya aún hoy es un paisaje difícil para los humanos, en 1953 todavía lo era más. No había carreteras ni aeropuertos más allá de Katmandú, la capital del país. La expedición tardó un mes en llegar andando al valle del Khumbu, al pie del Everest.

Una larga caravana de porteadores llevó los bultos hasta Tengboche, el monasterio de monjes budistas del mismo valle. Allí fueron recibidos por las ristras de banderas de oraciones típicas de los enclaves budistas. Según sus creencias, los rezos que están escritos en ellas se dispersan por el aire cuando el viento las hace ondear. Hillary describió el monasterio así:

> **«Sobre un espolón arbolado, se encuentra el monasterio de Tengboche, uno de los edificios espirituales de los sherpas. Ningún templo**

podría tener una ubicación más gloriosa. Intemporal, el monasterio está envuelto en un aura de silencio y meditación. Los lamas se mostraron amables, gentiles, y nos agasajaron como a reyes. Nos resultó muy difícil separarnos de ellos y de su hospitalidad».

Tenzing Norgay era budista, para él las oraciones de los lamas de Tengboche tenían un significado muy especial.

Oraciones al viento en el monasterio de Tengboche.

El 12 de abril plantaron por fin el campamento base. A partir de ahí, y como lo describió John Hunt, escalar el Everest por la vía que habían escogido era como subir tres montañas una tras otra:

1.
EL GLACIAR DEL KHUMBU.

El campamento base se plantó al pie de este glaciar, justo por debajo de su principal obstáculo: la cascada de hielo, un laberinto descomunal de grietas profundísimas y aristas verticales. Superada esta barrera, tenían que cruzar el Cwm occidental (*cwm* significa «valle» en galés, y debe su nombre a George Mallory, que era de Gales) hasta llegar al pie de la cara norte del Lhotse.

2.
LA CARA NORTE DEL LHOTSE.

El Lhotse es otro gigante, de 8.516 metros, vecino de Chomolungma. Hay que subir por su cara norte hasta llegar al Collado Sur (7.900 m), una cresta inhóspita entre dos gigantes barrida incesantemente por un viento atroz.

3.
HACIA LA CUMBRE (8.848 M).

Desde el Collado Sur hasta la cumbre, pasando por la llamada Cima Sur (8.750 m).

Superando una pared de hielo.

Sin duda alguna, un gran trabajo para un gran equipo. Pero antes debían superar dos retos: aclimatarse a la altura y «equipar» la montaña de refugios. Porque Chomolungma no iba a ponerles las cosas fáciles: por aquel entonces la gran diosa ya se había cobrado la vida de trece montañeros.

Así pues, divididos en equipos pequeños se lanzaron a buscar la mejor ruta: instalando cuerdas, tallando escalones en el hielo, plantando los campamentos intermedios... Subiendo cada vez un poco más y volviendo a descender para recuperarse.

El cuerpo humano necesita acostumbrarse poco a poco a los cambios de altitud. En el caso de los ochomiles, hay que ir subiendo poco a poco, en tramos de unos 400 o 500 metros. Se sube un tramo, se planta una pequeña tienda con algunos víveres y se vuelve a bajar. La próxima vez se sube más arriba, pero siempre se vuelve a bajar para pasar la noche en un campamento inferior al que se acaba de montar. Y así, «sembrando» la montaña de pequeños refugios, se logra que el cuerpo se acostumbre gradualmente a una mayor altitud y a la falta de oxígeno.

CAPÍTULO V
LOS VALIENTES
SABEN RENUNCIAR

Una cordada es un grupo de alpinistas unidos por una cuerda. En la escalada se acostumbra a ir en cordada de dos; de este modo, mientras uno de los escaladores sube, el otro puede asegurarlo. El peligro está en que si uno de los dos alpinistas cae sin que el otro esté preparado, puede arrastrarlo consigo. Así pues, hay que tener una gran compenetración y una preparación similar.

Tenzing Norgay y Edmund Hillary no se conocían de antes, pero se habían estado observando. El 26 de abril de 1953, se ataron juntos en cordada por primera vez. Subieron más que nadie, llevando más carga que nadie y sintieron que compartían fortaleza y ganas. Además, antes de regresar al campamento base, Tenzing Norgay salvó a Edmund Hillary cuando este cayó por una grieta en la cascada de hielo. A partir de aquel día, quedó claro que el

Edmund Hillary y Tenzing Norgay, la cordada incansable.

neozelandés larguirucho y el elegante *sirdar* formaban un equipo, y ambos se esforzaron por demostrar que eran la mejor opción para llegar a la cima.

El 7 de mayo, John Hunt reunió a toda la expedición en el campamento case para anunciar los nombres de los elegidos para asaltar la cumbre. El primer intento lo llevarían a cabo Charles Evans y Tom Bourdillon. El segundo, Edmund Hillary y Tenzing Norgay.

Los cuatro estaban a punto. El 21 de mayo la expedición logró plantar el campamento VIII en el Collado Sur, a 7.900 metros de altura. Próxima parada... ¿la cumbre?

El 26 de mayo, Evans y Bourdillon salieron del campamento VIII con la intención de llegar a la cumbre y regresar el mismo día. Llegaron hasta la Cima Sur (8.750 m). Nadie antes había estado a tanta altura. La cumbre se veía tan cerca..., pero estaban exhaustos, era muy tarde y tenían problemas con el oxígeno. Quizá podrían alcanzar su sueño, pero casi seguro que no conseguirían regresar al campamento VIII. Tom Bourdillon hizo un amago de seguir, de ceder a la atracción de la cumbre, el sueño que parecía tener a su alcance. Pero entonces oyó que su compañero le decía:

Evans y Bourdillon después de su intento fallido de llegar a la cumbre.

«Tom, si lo haces, no volverás a
ver a Jennifer nunca más».

Jennifer era su mujer. Tom Bourdillon se detuvo y
aceptó lo inevitable: era el momento de renunciar.

Evans y Bourdillon llegaron al campamento del
Collado Sur al límite de sus fuerzas: estaban deshi-
dratados, andaban unos cuantos pasos erráticos y
caían al suelo; tenían el rostro rodeado de carámba-

nos que les colgaban del pelo y apenas podían hablar. Los que estaban en el campamento VIII salieron en su ayuda, emocionados. Hillary corrió hacia ellos tan deprisa como pudo para sostenerlos. Tenzing les preparó té con limón y mucho azúcar y les retiró el hielo de la cara. John Hunt los felicitó de todo corazón: llegar a la Cima Sur y volver para contarlo era sin duda un gran logro.

Era el turno de la siguiente pareja: Hillary y Tenzing. Antes de que salieran del campamento VIII, John Hunt agarró a Hillary del brazo y le dijo:

«Lo más importante es que los dos
volváis sanos y salvos, recuérdalo.
Pero llegad arriba si podéis».

John Hunt, jefe de la expedición, entre Hillary y Tenzing.

CAPÍTULO VI

SOLOS CON LA
DIOSA MADRE

El 28 de mayo, Edmund Hillary y Tenzing Norgay, acompañados por George Lowe, Alfred Gregory y Ang Nyma, salieron del campamento VIII. Su intención era montar un noveno campamento entre el Collado Sur (7.900 m) y la cumbre (8.848 m). Todos llevaban 25 kilos a la espalda, muchísimo peso para tanta altura. El grupo llegó hasta los 8.500 metros, donde Lowe, Gregory y Ang Nyma dejaron su carga y regresaron. Habían hecho un gran esfuerzo, les quedaba un largo camino de vuelta y además iban sin oxígeno porque solo habían podido subir el oxígeno imprescindible para los que se quedaban; pero consiguieron descender sanos y salvos. El resto de la expedición ya esperaba en el campamento base. Todos tenían en el pensamiento a los dos compañeros que iban a pasar la noche en el campamento situado a más altura de la historia.

La cima de Chomolungma.

Plantar una tienda a 8.500 metros en una ladera helada no es tarea fácil. Antes, Tenzing y Hillary tuvieron que tallar una plataforma y, una vez dentro, encogidos, intentaron descansar sin pensar que estaban colgados sobre un abismo. A las cuatro de la madrugada empezaron a prepararse. Hillary volvió a repasar las reservas de oxígeno y Tenzing encendió el fogón para fundir nieve y preparar té con azúcar, mantequilla y chocolate. Bebieron todo lo que pudieron, se pusieron toda la ropa que tenían, se cubrieron la cara con crema y salieron. Eran las 6.30 h, estaban a 27 grados bajo cero y hacía buen tiempo. Tenzing señaló algo que, muy abajo, brillaba iluminado por el sol: era el monasterio de Tengboche; quizá los lamas estuvieran rezando por ellos.

A las 9 h estaban en la Cima Sur, donde habían llegado Evans y Bourdillon. Ellos les habían advertido: a partir de ahí, el camino parecía aún más arriesgado y difícil. Y lo era, había que atravesar una estrecha cornisa que acababa en una pared de roca que parecía imposible de escalar.

Hillary y Tenzing avanzaban en cordada uno tras otro. El primero abría ruta y el segundo aseguraba. Se iban intercambiando estos papeles. La pared de roca fue el último gran obstáculo y la última vez que temieron no lograr el éxito. Pero el neozelandés encontró una vía para escalarla entre el hielo y la roca. Esa pared hoy es conocida como el Escalón de Hillary. Una vez superada, llegar a la cumbre era una cuestión de tenacidad y resistencia; Hillary y Tenzing la pisaron a las 11.30 h del 29 de mayo de 1953. Nadie había estado antes allí.

CAPÍTULO VII

A 8.848 METROS

Estaban en la cima del mundo. Hillary lo contó así:

«Me volví y miré a Tenzing. Incluso bajo su máscara de oxígeno y con los carámbanos que le pendían del pelo, podía ver su contagiosa sonrisa, de claro regocijo. Tendí mi mano y, en silencio, nos saludamos a la manera inglesa. Pero esto no fue suficiente para Tenzing e, impulsivamente, arrojó sus brazos sobre mis hombros y nos palmeamos la espalda, felicitándonos mutuamente».

Hillary miró hacia abajo, hacia la vertiente norte, buscando algún rastro de Mallory e Irvine, pero no vio nada. También sacó fotos de los gigantes más cercanos, pensando que le servirían para buscar vías de ascenso a esas montañas.

Existe una fotografía de Tenzing Norgay en la cima del Everest. Levanta su piolet, en el que ondean las banderas de Gran Bretaña, Nepal, India y las Naciones Unidas. No hay ninguna foto de Hillary en la cumbre. El neozelandés llevaba la cámara y, por lo que él sabía, Tenzing nunca había hecho fotos y consideró que no era el momento de practicar. Además, a él le daba absolutamente igual quién de los dos saliese en la foto, lo que no quería era arriesgar las imágenes que demostraban lo que habían conseguido.

Tenzing cavó un pequeño hoyo en la nieve y depositó sus ofrendas para Chomolungma, la diosa madre del mundo: galletas, caramelos, bombones y un lápiz azul y rojo que le había dado su hija Nima. También añadieron un crucifijo que les había dado John Hunt.

Después se hicieron unos asientos de nieve y compartieron una barra de pastel de menta mientras contemplaban el vasto y montañoso paisaje nevado. Estuvieron 15 minutos en la cumbre. Tenían que descender hasta el campamento VIII, en el Collado Sur. No podían pasar otra noche a aquella altura.

Unos metros por debajo de la cumbre, con menos nieve, Hillary recogió un puñado de piedras. Ambos sabían que el Everest los acompañaría para siempre y cambiaría sus vidas. Tenzing lo expresó así:

> «*Tuji che*, como decimos en sherpa: estoy agradecido. Por eso dedico mi historia a Chomolungma, que me lo ha dado todo».

Edmund Hillary y Tenzing Norgay consiguieron descender sin grandes problemas. Después de pasar una noche en un campamento intermedio, acompañados de Lowe y Gregory, que los habían esperado, llegaron al campamento base el 30 de mayo de 1953. Hasta que no los vieron descender por la ladera, el resto de los integrantes de la expedición no supo que lo habían conseguido.

John Morris, un periodista que estaba en el campamento base, les preguntó qué habían sentido en el momento preciso de llegar a la cumbre. Hillary y Tenzing, con una taza de té en la mano, se miraron y respondieron:

> «Alivio, alivio por no tener que seguir subiendo».

Después del Everest, Hillary y Tenzing buscaron nuevos retos para sus vidas, porque, tal y como explicó Tenzing a su hijo:

> «Desde la cumbre de la montaña no se puede ver todo el mundo, Jamling.

> La vista solo le recuerda a uno lo grande que es el mundo y las muchas cosas que quedan por ver y aprender».

La experiencia, la evolución de los materiales y la madurez del alpinismo han hecho posible que muchos otros montañeros hayan llegado a la cumbre del Everest desde entonces. En la actualidad, estamos asistiendo incluso a un fenómeno de masificación que produce desde toneladas de basura en los campamentos hasta colas en algunos tramos de la ascensión. Seguro que Chomolungma, la diosa madre del mundo, no está contenta con todo ello.

Tenzing Norgay en la cima del Everest.

TUJI CHE

AUDACES

VIAJERAS

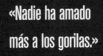

«Nadie ha amado
más a los gorilas.»

AUDACES

VIAJERAS

Y EL HOGAR DE
LOS GORILAS

AUDACES

VIAJERAS

DIAN FOSSEY
Y EL HOGAR DE
LOS GORILAS

AUDACES

VIAJERAS

DIAN FOSSEY
Y EL HOGAR DE
LOS GORILAS

Un miembro de la familia de los primates homínidos. Nuestra familia.

CAPÍTULO I
PARIENTES EN PELIGRO DE EXTINCIÓN

Un geranio, una gamba, un hipopótamo; los tres tienen en común algo esencial: son seres vivos. En efecto, la vida en nuestro planeta se ha desarrollado con gran esplendor y diversidad.

Para clasificar esta gran variedad de seres vivos, los científicos observan las semejanzas y las diferencias que hay entre las especies. Así se ha podido ver, por ejemplo, que los humanos somos muy parecidos a los gorilas. De hecho, los gorilas y nosotros somos tan parecidos que pertenecemos a la misma familia: la de los primates homínidos.

Charles Darwin (Inglaterra, 1809-1882) fue el naturalista que descubrió la relación existente entre los diferentes seres vivos. Cuando tenía veintidós años, se embarcó a bordo del *Beagle* y navegó alrededor del mundo. Durante este viaje consiguió

Charles Darwin.

comprender cómo funciona la naturaleza, la vida. Nos lo explicó en su obra *El origen de las especies.*

Según Darwin, los seres vivos no aparecieron en el mundo tal cual los conocemos, sino que somos el resultado de millones de años de evolución, de cambios. Los humanos también. Darwin afirmó que los demás primates son nuestros parientes porque compartimos con ellos un antepasado común.

La familia de los primates homínidos también recibe el nombre de «grandes simios». La forman, junto con el hombre, los gorilas, los chimpancés, los bonobos y los orangutanes. Actualmente todos los miembros de esta familia están en peligro de extinción, menos nosotros, los humanos.

Exceptuando a los orangutanes, que viven en Asia, los grandes simios son básicamente africanos.

En África viven los gorilas, los chimpancés y los bonobos, y ese mismo continente fue también la cuna de la humanidad. Claro está que nuestra especie ha experimentado una gran expansión; hemos ocupado y modificado casi todos los paisajes y somos grandes depredadores por motivos muy diversos. Las especies de nuestra propia familia tampoco se han librado de nuestro acoso; ni siquiera los gorilas de montaña, los más grandes de los grandes simios, que viven en las alturas protegidos por la niebla.

Existen dos especies de gorilas: el gorila occidental, que vive en zonas bajas, y el gorila oriental, que vive a gran altitud.

Los gorilas orientales son llamados gorilas de montaña o reyes de la montaña. Son la especie de gorilas más amenazada y viven exclusivamente en los montes Virunga, en el corazón de África. Un macho adulto de esta especie pesa unos 200 kilos y erguido mide alrededor de 1,80 metros.

Uno de los rasgos físicos característicos de los primates homínidos son las manos: tenemos el pulgar opuesto a los demás dedos, lo cual permite el movimiento de pinza y huellas digitales únicas. Ningún otro animal tiene manos. Así pues, podría decirse que las manos de los gorilas son las de mayor tamaño que existen.

CAPÍTULO II

DE ENEMIGOS
A AMIGOS

El 17 de octubre de 1902 tuvo lugar un encuentro histórico: por primera vez un europeo divisó un grupo de gorilas de montaña. Y les disparó. Fue un mal comienzo.

Era el capitán alemán Robert von Beringe (1865-1940), a quien una expedición por África occidental llevó hasta los montes Virunga, una cordillera de volcanes de relieve escarpado y cubierta de bosques frondosos y húmedos. Desde su campamento, Robert von Beringe divisó «unos grandes monos negros, parecidos a un hombre» que trepaban hacia el cráter de un volcán. Mató a dos de ellos y mandó uno de los cuerpos a Berlín para su estudio. Desde entonces, los gorilas de montaña llevan su nombre: *Gorilla beringei*.

En la sala de los mamíferos africanos del Museo de Historia Natural de Nueva York se pueden ver maquetas de animales en tres dimensiones creadas hace cien años por Carl Akeley (1864-1926). Este taxidermista, inventor y artista cazó y disecó elefantes, gorilas y otros animales, con los que creó escenas que aún hoy impresionan al público.

Pero en 1921, mientras acechaba gorilas en los montes Virunga, algo lo detuvo para siempre:

«Nunca lo olvidaré. En el barro había marcas de cuatro enormes nudillos donde el gorila había apoyado su mano en el suelo. No hay otra huella como esta, no existe ninguna otra mano tan grande en el mundo».

A partir de entonces, Akeley puso todo su empeño en proteger a los gorilas. En 1925 consiguió que se estableciese en los montes Virunga el primer parque nacional de África, una zona donde la caza y cualquier otra actividad humana quedaban expresamente prohibidas.

África también era el hogar de Louis Leakey (1903-1972), otro amigo de los gorilas. Nació en Kenia, cuando ese país era una colonia británica. Estudió antropología en Inglaterra y en 1931 volvió a África para buscar restos fósiles de los primeros homínidos. Leakey quería demostrar que, como había teorizado Charles Darwin, la humanidad echó a andar en África. Lo consiguió después de treinta años de excavaciones.

Además de estar interesado en los orígenes de la humanidad, Louis Leakey fue un gran patrocinador del estudio de los primates. Creía que el estudio de los otros grandes simios nos permitiría conocer mejor a nuestros antepasados. Pero no era fácil encontrar voluntarios que quisiesen vivir, por ejemplo, entre los gorilas para poder estudiarlos.

CAPÍTULO III
NYIRAMACHABELLI

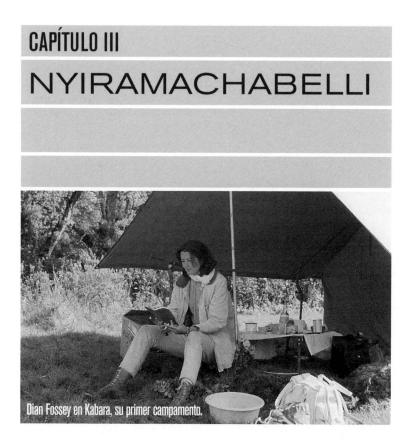

Dian Fossey en Kabara, su primer campamento.

En 1967 Dian Fossey, una americana de treinta y cinco años, llegó a la región de los montes Virunga con la intención de instalarse y estudiar a los gorilas. La verdad es que no tenía ni la preparación ni la experiencia adecuadas; en Estados Unidos trabajaba en un hospital infantil, y ni siquiera hablaba suajili o alguna otra lengua africana.

Pero Dian Fossey adoraba a los animales y sentía pasión por África. Cuatro años antes había inverti-

Dian Fossey en los montes Virunga.

do todos sus ahorros en un viaje por el África Central, durante el cual había conocido a Louis Leakey y había vislumbrado un grupo de gorilas en una expedición a los Virunga. En 1966 Louis Leakey dio una serie de conferencias en varias universidades americanas y Dian Fossey, que deseaba regresar a África más que nada en el mundo, fue a su encuentro dispuesta a convencerlo de que ella era la persona que estaba buscando para estudiar a los gorilas de montaña.

Cuando se vieron en Estados Unidos, Louis Leakey aconsejó a Dian Fossey que, si era verdad que estaba dispuesta a irse a vivir al reino remoto de los gorilas de montaña, antes debería quitarse el apéndice. Efectivamente, un ataque de apendicitis en un lugar tan aislado podría ser mortal. Dian Fossey se operó sin dudarlo. Leakey le confesó, tiempo después, que su principal motivo al darle aquel consejo fue poner a prueba su determinación.

Leakey sabía que iba a ser un trabajo muy duro, solo llegar al lugar donde había que montar el campamento ya era una odisea digna de un explorador experto. Pero sin duda lo más preocupante era la situación de gran inestabilidad política en la zona, que amenazaba con convertirse en guerra civil en cualquier momento. Además, la condición de parque nacional apenas era respetada por nadie: ni por

Dian Fossey camino a Karisoke, con porteadores.

los cazadores blancos, ni por las nuevas autoridades, ni por los nativos. Pero Leakey supo ver lo que
sin duda tenía Dian Fossey: espíritu luchador, voluntad y determinación, y decidió darle el trabajo.

Así fue como aquella mujer inexperta llena de
entusiasmo se adentró en un mundo casi descono-
cido entre criaturas poco conocidas. Y África la premió dándole un nombre propio: «Nyiramachabelli,
la mujer que vive sola en la montaña». Dian Fossey
empleó el resto de su vida para que el mundo supiese que no estaba sola, que los gorilas le hacían
compañía.

Los montes Virunga ocupan un territorio que se ex-
tiende a lo largo de tres estados africanos: la República Democrática del Congo, Ruanda y Uganda.

La cabaña de Karisoke, el segundo y definitivo campamento de Dian.

Son una cordillera formada por ocho volcanes. El más alto es el Karisimbi (4507 m). Las laderas de estas escarpadas montañas están cubiertas por una selva frondosa y húmeda.

Dian Fossey estableció su primer campamento en territorio congoleño, en un lugar ciertamente simbólico: Kabara, un prado situado a tres mil metros de altura, donde se encuentra la tumba de Carl Akeley, el primer amigo de los gorilas. Era un campamento sencillo: solo constaba de un par de tiendas y un espacio aparte para la cocina. Sanwekwe, que fue el primer guía nativo que trabajó para Dian, le regaló un gallo y una gallina, a los que llamaron *Desi* y *Lucy*.

Dian empezó su aprendizaje en Kabara, pero cuando se estaba aclimatando al paisaje y a su trabajo, tuvo que irse. Los soldados la obligaron a bajar de la montaña y la retuvieron hasta que consiguió escapar.

Se refugió en la vecina Ruanda, donde encontró un nuevo lugar para establecerse. Fue en un collado entre dos volcanes: el monte Karisimbi y el monte Visoke; de la unión de estos dos nombres nació Karisoke, el nombre que Dian Fossey puso al campamento que se convirtió en su hogar y en un centro de investigación y defensa de los gorilas de montaña hasta hoy en día. Allí fue mejorando sus condiciones de vida con la construcción de una cabaña y otras instalaciones complementarias; todo ello igualmente austero, pero acogedor. Hay que decir que el gallo *Desi* y la gallina *Lucy* viajaron de Kabara a Karisoke, Dian nunca habría dejado a ninguno de sus animales atrás.

Tanto el primer campamento de Kabara como el definitivo de Karisoke eran de difícil acceso. Había que hacer un viaje en todoterreno y después, con los porteadores, emprender una larga caminata por una pendiente embarrada. Dian también puso nombre a su todoterreno; era un viejo Land Rover al que llamaba *Lily*.

CAPÍTULO IV

HACER

EL GORILA

George Schaller fue el primer zoólogo que pasó un año entero en los montes Virunga para estudiar a los gorilas de montaña. Fue en 1959, ocho años antes de la llegada de Dian. Schaller estimó que la población de gorilas de montaña era de unos 400 o 500 ejemplares en total.

Precisamente, uno de los trabajos que Dian debía llevar a cabo era realizar un censo detallado, es decir, contar gorilas. Para ello debía localizar todos los grupos y diferenciar a cada individuo. Con la ayuda de los nativos que trabajaban para ella, Dian se convirtió en una buena rastreadora: aprendió a distinguir entre la vegetación por dónde había pasado un grupo y dónde habían dormido.

Ir tras los gorilas de montaña supone un gran esfuerzo físico: se mueven a 4.000 metros de altura con total facilidad. Estos reyes de la montaña caminan con las cuatro extremidades, apoyando las manos en el suelo a cada paso. Son vegetarianos y se trasladan constantemente para encontrar comida. Por la noche fabrican «nidos» en el suelo con hojas y ramas para dormir. Viven en grupos compuestos por un número variable de individuos; en cada grupo hay uno o dos machos adultos, varios machos jóvenes, varias hembras y las crías.

Los embarazos de las gorilas son de ocho meses y medio, y la cría al nacer pesa poco más de dos kilos. Las madres cuidan estrechamente a sus crías hasta los cuatro años; al principio van colgadas de su pecho, hasta que aprenden a agarrarse a su espalda.

Los machos buscan la comida y defienden al grupo. Son tan imponentes como pacíficos, excepto, naturalmente, cuando se sienten amenazados; entonces se ponen erguidos, se golpean el pecho con los puños y enseñan los dientes.

Dian numeraba los grupos e identificaba cada gorila usando el sistema de Schaller, consistente en fijarse en las líneas que cada gorila tiene sobre la nariz, que son diferentes en cada individuo, igual que nuestras huellas dactilares. Pero, además, Dian también les ponía nombres propios que hacían alusión a alguna característica física, a la actitud de cada individuo o a sus propios recuerdos. Por ejemplo, a un macho adulto lo llamó *Uncle Bert*

Dian Fossey integrándose.

(«Tío Bert»), en honor a un tío suyo al que quería mucho.

Para estudiar a los gorilas, George Schaller recomendaba que lo mejor era no esconderse, sino mostrarse abiertamente ante ellos; cuando se daban cuenta de que «el nuevo» no suponía ningún peligro, simplemente lo ignoraban. Dian Fossey fue un poco más allá: además de dejarse ver, intentó de alguna manera «integrarse». ¿Cómo? Haciendo el gorila. Los gorilas se comunican entre ellos con sonidos y expresiones faciales, así que Dian aprendió a imitar esos sonidos, gestos, movimientos... Dian Fossey llamaba a su técnica de imitación «contactos abiertos». La finalidad era, por supuesto, ser aceptada en el grupo para poder estudiarlos muy de cerca.

CAPÍTULO V

CUANDO UN GORILA TE DA LA MANO

Una mañana de 1970, Dian Fossey salió del campamento en busca de algún grupo de gorilas. Quería despedirse. Hacía dos años que vivía en Karisoke y había llegado el momento de hacer un viaje de unos meses a Inglaterra y a Estados Unidos.

Encontró a un grupo y se sentó entre ellos, como solía hacer siempre. El viaje le hacía ilusión, pero sabía que añoraría a sus gorilas. Se echó y alargó un brazo, con la mano abierta. Este gesto llamó la atención de un macho joven al que ella llamaba *Peanuts* («Cacahuetes», en inglés).

Así lo explicó Dian:

«Después de observar atentamente mi mano, *Peanuts* se levantó y extendió la mano para tocar mis dedos con los suyos por un breve instante».

Peanuts observa la mano de su amiga Dian.

No podría haber imaginado una despedida más hermosa.

A Dian Fossey le había costado dos años conseguir ese fugaz gesto de familiaridad. Dos años de luchar contra cazadores y pastores, de interceptar trampas, de soportar la altitud y la constante humedad, la soledad, las largas marchas, de tener que anotarlo todo, de estar enferma... Dos años aprendiendo a «hacer el gorila» para obtener esa hermosa recompensa.

El momento mágico en el que *Peanuts* descubrió la mano de Dian y la tocó fue registrado por la cámara de Bob Campbell, un fotógrafo de *National Geographic*. Esta famosa revista de naturaleza participó en la financiación de Karisoke y de los estudios de Dian. Los espléndidos reportajes de Bob Campbell hicieron famosa a Dian y a los gorilas de montaña. Dian Fossey tuvo que enfrentarse a muchas personas, pero también contó con algunos amigos que estaban de su parte y de la de los gorilas.

Al cabo de unos meses de dar a conocer sus investigaciones en Estados Unidos y Europa, Dian regresó a Karisoke. De alguna manera sentía que *Peanuts* había puesto en sus manos su futuro y el del resto de los gorilas. Y ella estaba dispuesta a pelear en su nombre.

CAPÍTULO VI

TOMAR PARTIDO

Una mañana, los guardas del parque fueron a buscar a Dian y le mostraron un par de crías de gorila que tenían en sendas cajas; estaban en muy mal estado porque sus captores no las habían tratado bien. Las autoridades exigían que Dian las curase para poder enviarlas al zoológico de Colonia (Alemania), al que las habían vendido a cambio de una suma importante de dinero y un Land Rover.

Fossey sabía muy bien que para capturar a las crías habían tenido que matar a los gorilas adultos del grupo, que sin duda las habían defendido. Le indignó constatar una vez más que ni siquiera las autoridades que debían hacerlas respetar obedecían las leyes de protección.

Dian se llevó a las dos crías a Karisoke y se dedicó a cuidarlas y a luchar para que se quedasen en los Virunga, su hogar. Escribió al zoológico de Colo-

Dian Fossey preparando trampas contra los cazadores.

nia, a las autoridades y a todas las asociaciones de defensa de los animales.

Mientras, las dos crías vivían colgadas de su cuello como si de su mamá gorila se tratase. A la hembra la llamó *Pucker Puss* y al macho *Coco*. Se convirtieron en los reyes del campamento, y *Cindy*, la perra de Dian, y su mona *Kima* tuvieron que aceptarlos. Incluso el gallo *Desi* y la gallina *Lucy* tuvieron que acostumbrarse a sus juegos.

Pero al cabo de tres meses, los guardas subieron a buscar a *Pucker Puss* y a *Coco* y los mandaron al zoo de Colonia. Nadie había intercedido por ellos. Dian comprendió que solo podía contar con ella misma y con sus amigos más cercanos. *Pucker Puss* y *Coco* no sobrevivieron muchos años y murieron casi al mismo tiempo. Cuando Dian lo supo exclamó: «¡Bien por ellos!».

Digit tenía cinco años cuando Dian Fossey lo descubrió en 1967. Bob Campbell le puso este nombre al ver que tenía un dedo herido.

Digit era el favorito de Dian, que escribía así sobre él: «Si estaba sola, muchas veces me invitaba a jugar echándose panza arriba, mirándome y sonriendo como si me dijera:

"¿A que no vas a poder resistir no hacerme caso?" Me temo que en esos momentos mi objetividad científica se esfumaba».

Digit y Dian compartieron diez años de *amistad*. *Digit* era un gorila famoso porque había protagonizado algunos reportajes de Bob Campbell. Dian decidió utilizar esta fama para sensibilizar sobre la situación de los gorilas de montaña y conseguir fondos para su defensa: así nació la Fundación Digit.

El 1 de enero de 1978, llegó a Karisoke la noticia de que un grupo de gorilas había sido atacado: era el de *Digit*. Al día siguiente encontraron su cuerpo: tenía muchas heridas y le habían cortado la cabeza y las manos.

«A partir de ese momento empecé a vivir en un lugar aislado de mi ser», escribió Dian. A partir de aquel momento luchó aún más por los gorilas.

Dian Fossey entendió que su labor no era solo conocer a los gorilas, sino también protegerlos. Trató de inculcar ese espíritu a los trabajadores de Karisoke y a los estudiantes que llegaban al campamento desde todo el mundo; sin embargo, no todos compartían su visión. Si Schaller había calculado que había unos 400 o 500 gorilas, veinte años después Fossey calculaba que solo quedaban unos 250. De seguir así, la extinción de los gorilas en libertad estaba cerca. Había que tomar partido y Dian se puso del lado de los gorilas con todas las consecuencias.

La lucha entre Dian Fossey y los cazadores y pastores se convirtió a veces en una guerra abierta. La ley prohibía cualquier tipo de caza en el territorio del parque, por lo que el trabajo diario de los habitantes de Karisoke incluía, además de acercarse a

Dian Fossey con la pequeña *Pucker Puss*.

los gorilas, localizar y destruir las trampas de los cazadores y mantener el ganado alejado.

En su empeño por proteger a los gorilas, Dian llevaba a cabo acciones que no la hicieron precisamente popular en la zona, ni entre los nativos ni entre los extranjeros. Así contaba ella misma cómo asustó a unos cazadores que perseguían a un grupo de gorilas:

> **«No recuerdo haberme enfadado tanto jamás y empecé a perseguir a los cazadores con verdadero odio, con mi máscara terrorífica, imitando a los gorilas, la cámara en una mano, una pistola de agua en la otra y el cilindro de gases lacrimógenos en el bolsillo. Debo decir que el resultado fue espectacular y que salieron corriendo como demonios, pero para entonces el daño ya estaba hecho...».**

Algunos comenzaron a llamarla la bruja del bosque.

CAPÍTULO VII

NADIE HA AMADO MÁS A LOS GORILAS

A finales de 1985 Dian Fossey, después de varios viajes para dar a conocer sus trabajos, estaba de vuelta en Karisoke. Y se sentía en casa. Le gustaban las noches en el campamento, eran como un tiempo de tregua. En su cabaña, hecha con palos y planchas de metal, tenía dos habitaciones con estufas de leña, esteras, cortinas, su máquina de escribir, las lámparas de queroseno, los papeles, las fotos... *Kima* y *Cindy* ya no estaban ahí, pero a veces algún elefante atravesaba el campamento de camino al arroyo.

El 27 de diciembre de 1985 encontraron a Dian Fossey muerta en su cabaña. La habían asesinado durante la noche con un machete de los que se usan para abrir camino en la selva. Fue enterrada en Karisoke, al lado de las tumbas de sus gorilas. En su lápida se lee:

> «Nyiramachabelli. Dian Fossey 1932-1985. Nadie ha amado más a los gorilas. Descansa en paz, querida amiga, eternamente protegida en esta tierra sagrada que para ti fue el hogar y a la que perteneces».

No se sabe quién mató a Dian Fossey. Pero sí sabemos que su legado sigue vivo.

A Dian le gustaba escribir en su diario por las noches, en la cabaña. Las últimas líneas que escribió dicen así:

> «Cuando te das cuenta del valor de la vida, te preocupas menos del pasado y te concentras en asegurar el futuro».

Gracias a su tesón, los gorilas de montaña quizá tengan un futuro, pero depende de todos nosotros asegurárselo.

Hoy la Fundación Digit es la Fundación Internacional Dian Fossey para los Gorilas. El viejo campamento de Karisoke fue destruido durante una guerra civil, pero el equipo de Karisoke sigue trabajando en los montes Virunga con el mismo espíritu con el que Dian Fossey lo fundó: el de conocer y proteger a los gorilas. Afortunadamente, hoy cuentan con la colaboración de las autoridades de Ruanda y de la República Democrática del Congo, de los habitantes de la zona, de asociaciones de defensa de la naturaleza y de la comunidad científica. Gracias a los esfuerzos de todos ellos, la población de gorilas ha aumentado: se calcula que actualmente hay unos 700 gorilas de montaña en los montes Virunga.

El inolvidable *Digit*

AUDACES
VIAJEROS

AUDACES
VIAJEROS

AUDACES
VIAJERAS

AUDACES
VIAJERAS

AUDACES
VIAJEROS

AUDACES
VIAJERAS

AUDACES   AUDACES

VIAJEROS   VIAJERAS

AUDACES   AUDACES

VIAJEROS   VIAJERAS

pág. 62

**EDMUND HILLARY
Y
TENZING NORGAY
Y EL EVEREST**

pág. 94

**DIAN FOSSEY
Y EL HOGAR DE
LOS GORILAS**

AUDACES   AUDACES

VIAJEROS   VIAJERAS

Bambú Grandes lectores

Bergil, el caballero
perdido de Berlindon
J. Carreras Guixé

Los hombres de Muchaca
Mariela Rodríguez

El laboratorio secreto
Lluís Prats y Enric Roig

Fuga de Proteo 100-D-22
Milagros Oya

Más allá de las tres dunas
Susana Fernández
Gabaldón

Las catorce momias
de Bakrí
Susana Fernández
Gabaldón

Semana Blanca
Natalia Freire

Fernando el Temerario
José Luis Velasco

Tom, piel de escarcha
Sally Prue

El secreto del
doctor Givert
Agustí Alcoberro

La tribu
Anne-Laure Bondoux

Otoño azul
José Ramón Ayllón

El enigma del Cid
Mª José Luis

Almogávar sin querer
Fernando Lalana,
Luis A. Puente

Pequeñas historias
del Globo
Àngel Burgas

El misterio de la calle
de las Glicinas
Núria Pradas

África en el corazón
M.ª Carmen de la Bandera

Sentir los colores
M.ª Carmen de la Bandera

Mande a su hijo a Marte
Fernando Lalana

La pequeña coral de
la señorita Collignon
Lluís Prats

Luciérnagas en el desierto
Daniel SanMateo

Como un galgo
Roddy Doyle

Mi vida en el paraíso
M.ª Carmen de la Bandera

Viajeros intrépidos
Montse Ganges e Imapla

Black Soul
Núria Pradas

Rebelión en Verne
Marisol Ortiz de Zárate

El pescador de esponjas
Susana Fernández

La fabuladora
Marisol Ortiz de Zárate

¡Buen camino, Jacobo!
Fernando Lalana

La Montaña del Infierno
Marisol Ortiz de Zárate

Cómo robé la manzana
más grande del mundo
Fernando Lalana

Bambú Grandes Viajes

Heka
Un viaje mágico a Egipto
Núria Pradas

Raidho
Un viaje con los vikingos
Núria Pradas

Koknom
Una aventura en tierras
mayas
Núria Pradas